La Meute

De la même auteure

Quand la mer…, théâtre, Sudbury, Prise de parole, 2013.
Maïta, théâtre, Sudbury, Prise de parole, 2009 [2001].

Cinquante exemplaires de cet ouvrage
ont été numérotés et signés par l'auteure.

Esther Beauchemin

La Meute

Théâtre

Éditions Prise de parole
Sudbury 2005

Catalogage avant publication de Bibliothèque et Archives Canada
Beauchemin, Esther, 1958-
La meute / Esther Beauchemin.

Pièce de théâtre.
Public cible: Pour les jeunes.
ISBN 2-89423-177-6

I. Titre.

PS8553.E17166M48 2005 jC842'.6 C2005-904146-3

Diffusion au Canada : Dimedia

Ancrées dans le Nouvel-Ontario, les Éditions Prise de parole appuient les auteurs et les créateurs d'expression et de culture françaises au Canada, en privilégiant des œuvres de facture contemporaine.

Nous reconnaissons l'aide financière du gouvernement du Canada par l'entremise du Fonds du livre du Canada (FLC) et du programme Développement des communautés de langue officielle de Patrimoine canadien, ainsi que du Conseil des Arts du Canada, pour nos activités d'édition. La maison d'édition remercie le Conseil des Arts de l'Ontario et la Ville du Grand Sudbury de leur appui financier.

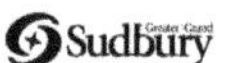

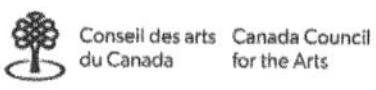

Photographie en page de couverture : André Petit
Photographies à l'intérieur : François Dufresne
Conception de la couverture : Olivier Lasser

Éditions Prise de parole
C.P. 550, Sudbury (Ontario) Canada P3E 4R2
www.prisedeparole.ca

ISBN 978-2-89423-177-7 (Papier)
ISBN 978-2-89423-419-8 (Pdf)
ISBN 978-2-89423-801-1 (ePub)

Préface
La Peur, ensemble

En novembre 1999, à Toronto, un dimanche soir, je me suis retrouvé au restaurant après une session de travail avec des gens comme vous et moi qui participaient à un projet dans lequel j'étais également impliqué. La conversation finit par rouler sur le bogue *de l'an 2000. Sur six de mes commensaux, quatre s'étaient acheté une arme à feu, cinq avaient déjà tout planifié pour se bourrer d'argent liquide (l'un avait même, à l'admiration des autres, acheté des dollars américains) et trois avaient déjà terminé leurs achats d'eau potable, de décontaminant et de conserves — avant que la pénurie ne frappe les rayons des supermarchés —, question de* « protéger leur famille ». *Ensuite vinrent les spéculations : le chaos total durerait-il deux mois, selon le plus optimiste, ou, d'après la majorité, de six à huit mois ? En écoutant mes Torontois, j'étais secrètement amusé, bien sûr, mais aussi inquiet : et s'ils avaient raison ? Mais ce qui me tracassait le plus, ce n'était pas la possibilité que le support électronique de la vie courante s'effondre — Panique à Wall Street ! Plus de pain au dépanneur! L'électricité, le téléphone, Internet: kapout! Les Loblaw saccagés par des bandes de pillards! Les robinets qui ne crachent plus qu'un immonde jus brun! — ce qui, en fait, m'inquiétait le plus, c'était d'être assis avec des gens sur le point de se transformer en barbares pour faire face à l'éventualité d'une barbarie. Tout de même… Tout de même, le 27 décembre, j'ai retiré quelques centaines de dollars du guichet automatique, cachant un tiers de ce modeste magot entre des pages du «Livre de Job» de la vieille bible familiale, un autre tiers sous la fausse semelle d'une vieille chaussure et le dernier tiers entre les replis douillets d'un vieux bas de laine — pour la seule beauté de la tradition. Parfois, je me demande quel aurait été le degré collectif de paranoïa si les événements du 11 septembre avaient eu lieu* avant *le 1er janvier 2000…*

Comme toutes les œuvres théâtrales fortes, La Meute, *d'une part, plonge ses racines dans des émotions humaines primitives, des émotions très anciennes liées à notre animalité, telles la volonté de survie, l'instinct grégaire et la peur, et elle traite d'enjeux fondamentaux tels les luttes de pouvoir vitales et le rapport à tout ce qui est autre, à tout ce qui est inconnu. L'inconnu: là d'où peut tout aussi bien venir la destruction que le salut. D'autre part, comme toutes les œuvres théâtrales intéressantes,* La Meute *se nourrit de l'air du temps. Et la pièce naît de ce monde d'aujourd'hui, où l'on craint que tous ceux qui s'appellent Ali soient des assassins sous leur apparence paisible, où se multiplient les* gated communities *et où l'on se procure un Rottweiler en attendant d'obtenir son permis de port d'arme. C'est de cet enracinement dans l'archaïque humain et sa sensibilité à ce qui subtilement aujourd'hui structure notre rapport au monde que* La Meute *tire sa force et sa pertinence.*

De tout cela, pourtant, La Meute *ne parle pas. Elle ne fait que raconter un très troublant huis-clos. Dans un chalet de chasse entouré d'une palissade et flanqué d'un enclos où grondent deux douzaines de chiens, cinq adolescents et un bébé attendent que les « Ombres » relâchent leur surveillance pour s'enfuir dans le Grand Nord. La mère, qu'on ne voit jamais et qui les a enfermés là depuis la mort du père, est persuadée que la famille est menacée par ces Ombres — des êtres invisibles et puissants — et a entraîné ses enfants dans son délire. Or, les froids de l'automne arrivent, le bébé né un peu avant la mort du père a besoin de soins et l'aînée, tout en continuant d'aimer la mère, commence à mettre en question cette vie dominée par la peur qu'elle leur impose.*

Avant de poursuivre, attardons-nous un peu sur ces Ombres. Ces créatures s'emparent des cerveaux humains, dont elles se nourrissent. Elles peuvent prendre l'apparence humaine, mais aussi peuvent se faire invisibles et se transformer en « fluides » capables de s'infiltrer partout. Ainsi, tout peut appartenir à la cohorte des Ombres. Rien ne distingue en surface les alliés des ennemis. L'Ombre, c'est le Juif des nazis : habituellement, rien ne le distingue d'un aryen… C'est le communiste à l'époque du maccarthysme : rien ne le différencie en apparence des Américains inoffensifs comme l'a si bien transposé en 1956 le film de science-fiction de Don Siegel, The Invasion of the Body Snatchers. *C'est l'aimable voisin musulman dont on commence à s'inquiéter des allées et venues, d'autant plus suspect qu'il a l'air innocent, normal,* bien intégré.

La meute du titre n'est pas tant celle de ces chiens qui répondent aux noms rassurants de Sauvage, Adolf, Satan, Skelter ou Bhopal que celle que forment les enfants avec leurs luttes de pouvoir, leurs alliances changeantes, leurs fidélités et leurs trahisons. Une meute où la mère légitime le système d'autorité. Une meute agitée par une perpétuelle guerre intestine pour s'emparer du manteau pouvoir, brillamment évoqué dans la pièce par le manteau de fourrure de la mère. Mais une meute qui se soude d'indéfectible façon dès qu'un danger extérieur menace et qui n'envisage son salut que collectivement.

Ce théâtre du fait divers, qui culmine par un assaut de police, est en fait un théâtre du microcosme, où les forces cachées qui agitent le macrocosme contemporain s'affrontent à travers des images identifiables par tous. Sous cet angle, La Meute *tient à la fois du théâtre de l'exorcisme et du théâtre de l'exercice. Comme théâtre de l'exorcisme, il permet de vivre l'impossible — l'interdit — par procuration : se retirer du monde dans une cellule unie par l'idée de même. Comme théâtre de l'exercice, il permet d'observer les mécanismes qui régissent la création et le fonctionnement d'une meute humaine. Face à la confusion que crée l'atomisation du sens créée par l'excès d'informations parcellisées et parcellaires dans lequel nous baignons, Esther Beauchemin vient de nous donner une fiction aussi nette que riche.*

PAUL LEFEBVRE

La Meute a été créée à La Nouvelle Scène, à Ottawa, le 28 novembre 2003, par le Théâtre la Catapulte en collaboration avec le Théâtre français du Centre national des Arts.

La distribution

Éric	*Pierre Simpson*
Irène	*Dalelle Mensour*
Catherine	*Stéphanie Kym Tougas*
Paul	*Alain Dubreuil*
Pauline	*Anie Richer*

Les créateurs

Texte	*Esther Beauchemin*
Conseil dramaturgique	*Robert Marinier*
Mise en scène	*Anne-Marie White*
Scénographie et accessoires	*Jasmine Catudal*
Costumes	*Isabelle Bélisle*
Éclairages	*Guillaume Houët*
Environnement sonore	*Claude Naubert*
Régie et assistance à la mise en scène	*Eugénie Gaillard*
Régie de tournée	*Guillaume Houët*
Direction de production	*Céline Paquet*
Direction technique	*Marc Miron*

Les personnages

Irène, 16 ans, l'aînée. Lorsque son père est mort, sa mère lui a confié des responsabilités bien trop grandes pour son âge : s'occuper de ses frères et sœurs, et surtout de la petite dernière, née un peu avant le décès du père. Pendant que sa mère voit au dressage des chiens, Irène s'acquitte de son mieux des tâches qui lui ont été confiées. Elle met tout son courage à maintenir une cohésion au sein de la famille et à seconder sa mère qu'elle aime profondément, mais dont les comportements de plus en plus étranges l'inquiètent.

Catherine, 15 ans, voue un véritable culte à sa mère. De tous les enfants, c'est elle qui a subi la plus grande influence de celle-ci. Ses actions ne lui sont dictées que par son désir de lui prouver sa dévotion. Malheureusement pour Catherine, c'est Irène et non elle qui jouit de l'approbation maternelle. Cachant tant bien que mal son dépit et sa jalousie, elle épie tout un chacun car elle sent une faille dans la loyauté de ses frères et sœurs, en particulier chez Irène. Elle attend le moment où elle pourra enfin prendre la place d'Irène aux côtés de sa mère. Elle considère son défunt père comme un mou et un naïf qui n'a pas su se défendre et défendre sa famille face aux ennemis, les *Ombres.*

ÉRIC, 14 ans, est le garçon le plus âgé. Éric souffre beaucoup du décès du père qu'il aimait de tout son cœur tout en méprisant son manque de caractère. Avant de mourir, son père, rendu muet par la maladie, lui confie le canif avec lequel il a sculpté de petits chiens de bois pour chacun de ses enfants. Ce précieux héritage en poche, Éric se croit désormais investi du rôle de protecteur de la famille. Il entretient une part de doute quant aux terreurs de sa mère, mais subit quand même son ascendant. Bien que réfractaire à l'autorité d'Irène, il lui obéit mais lorsqu'elle s'enfuit et que la mère part à sa poursuite, Éric entre ouvertement en compétition avec Catherine pour le pouvoir dans la meute.

PAUL et PAULINE, les jumeaux, 13 ans, ont un univers bien à eux, et vivent en symbiose avec tout ce que cela comporte d'amour et de haine. Le manque d'encadrement parental et de contacts avec le monde extérieur ont fait dévier, chez Paul, l'amour fraternel qu'il porte à sa jumelle vers un sentiment amoureux. Pauline ne partage pas ces élans même si elle ne peut pas concevoir la vie sans son frère. Paul et Pauline sont prêts à tout pour rester ensemble.

TOUTOUNE, un bébé de six mois. La benjamine. Elle est née peu avant le décès du père. C'est Irène qui s'occupe d'elle car la maladie mentale de la mère l'empêche d'avoir soin de ce bébé à la santé fragile. Elle est aimée et protégée de tous les autres, mais occupe la dernière place au sein du clan.

LES PERSONNAGES SECONDAIRES ET INVISIBLES
La mère et chef de la meute.
Dave. Un travailleur social
Des policiers.
La meute de chiens.

LES LIEUX
La pièce de séjour du chalet de chasse. Exiguë, rustique, délabrée. Tout suggère qu'il n'y a ni eau courante ni électricité. Une table, quelques chaises, une grande armoire. Dans un coin, le lit de Toutoune. Un corridor menant aux chambres. Une fenêtre donnant sur l'avant du chalet et la barrière.

La cour arrière du chalet. Entourée d'une haute palissade de bois, percée d'un unique portail donnant accès à un bout de terrain mais surtout, à la barrière et au monde extérieur. Un autre mur, percé d'une trappe, suggère l'enclos des chiens. Le portail et la trappe sont munis d'un système de fermeture empêchant toute intrusion par l'extérieur. Dans un coin, une toilette sèche (bécosse), dans un autre, un trou à feu où les Dingwell cuisinent.

Acte 1, Scène 1

Matin (jour 1, samedi). Les jumeaux entrent dans le chalet. Pauline halète de douleur tandis que Paul serre la main de sa jumelle dans un linge.

Pauline

Elle était cachée dans le trou, je l'ai pas vue.

Paul

Elle cherche un abri pour avoir ses petits.

Pauline

Ça saigne…

Paul

Je comprends pas pourquoi Sauvage t'a mordue. Elle était douce, douce, avant.

Pauline

Depuis que papa est mort, c'est rendu la plus méchante… Maman va me châtier.

Paul embrasse sa sœur et la serre contre lui.

PAUL
Faut que t'arrêtes d'avoir peur des chiens, Pauline.

PAULINE
J'ai peur parce qu'ils veulent me mordre!

PAUL
Non, ils veulent te mordre parce qu'ils sentent que t'as peur.

PAULINE
Paulo, ça fait mal.

PAUL
(Regardant la blessure.) Je l'ai battue, elle recommencera pas, tu peux être sûre…

PAULINE
Je l'avais dit qu'elle grugeait sa corde.

PAUL
Éric est après y mettre une chaîne.

PAULINE
Ça arrête pas de saigner

PAUL
Pense à papa, ça va arrêter!

PAULINE
Il est mort. Il peut plus arrêter le sang.

PAUL
Prends ton chien de bois.

PAULINE

Ça marchera pas.

Paul lui glisse le petit chien de bois qu'elle porte au cou dans la main.

PAUL

Celui-là, papa l'a sculpté pour toi! Serre-le fort en pensant à lui pis ça va arrêter de saigner, je suis sûr!

Ils se taisent et serrent chacun leur petit chien de bois. Catherine entre avec un récipient d'eau dans lequel elle ajoute du sel.

CATHERINE

Lâchez-vous, les jumeaux. Pauline! enlève le linge pis fais tremper ta main.

PAUL

Pourquoi faire, le sel?

CATHERINE

Pour nettoyer. *(À Pauline.)* Trempe ta main.

PAULINE

Non! Ça va faire mal!

CATHERINE

Ça t'apprendra à avoir peur. Trempe ta main.

PAULINE

(Appelant.) Irène!

CATHERINE

Elle est pas là, Irène.

Paul
Elle est où?

Pauline
(Appelant.) Irène!

Catherine
Arrête, tu vas réveiller Toutoune!

Toutoune commence à pleurer.

(Chicanant.) Fais tremper ta main!

Paul
(S'interposant.) Laisse faire, Catherine. Occupe-toi de Toutoune, je vais l'aider, moi. (*À Pauline.*) Donne ta main, Bé… Regarde, ça saigne presque plus, ça a marché!

Catherine s'occupe du bébé tandis que Paul trempe doucement la main de Pauline qui grimace au contact de l'eau.

Catherine
Maman va le savoir que t'as battu Sauvage, Paul Dingwell.

Éric entre.

Éric
Ça va-tu, Pauline?

Paul
(Répondant pour sa sœur.) Ça saigne presque plus.

Catherine
(À Éric.) Sauvage est-tu correcte?

ÉRIC
Je l'ai attachée avec de la chaîne. Si elle essaye de gruger, elle va se briser les dents! J'ai bouché le trou, Pauline. Les chiens pourront plus se cacher là.

Irène entre avec une bouteille d'antiseptique.

PAULINE
Irène! J'ai mal…

IRÈNE
Je vais te soigner.

PAUL
(À Irène.) Où t'as pris ça?

IRÈNE
Donne ta main, Pauline.

Catherine s'empare de l'antiseptique.

CATHERINE
Réponds! Où t'as pris ça?

IRÈNE
Chez la voisine. Donne.

ÉRIC
T'es sortie du terrain?

PAUL
T'as parlé à la vieille?

CATHERINE
Maman nous a interdit de sortir du terrain, tu mets tout le monde en danger, maudite folle! Attends qu'elle le sache.

Irène
Faut désinfecter pis mettre un pansement.

Paul
Ça vient de chez la vieille, ça peut être poison.

Catherine
Il faut attendre que maman revienne.

Irène
On peut pas attendre, Sauvage a peut-être la rage! Donne!

Catherine redonne la bouteille à Irène.

Catherine
Donne-lui ta main, Pauline.

Pauline
J'ai pas la rage, hein?

Paul
Irène va te soigner, Bé.

Pauline
Mais j'ai pas la rage, hein?

Irène
Ça va faire mal, ma belle.

Éric
Pense à quand on va partir pour le Nord, ça va faire moins mal.

Paul
Ça va juste brûler un peu.

IRÈNE

Es-tu prête ?

Tous se collent à Pauline qui tend sa main. Irène verse l'antiseptique sur la blessure. Pauline s'agrippe au bras de Paul.

PAUL

Serre tant que tu veux, Bé!

Acte 1, Scène 2

Soir. Les jumeaux transportent des poches de croquettes pour chiens à l'intérieur du chalet. Catherine les range dans un coin.

Paul

J'avais assez hâte que maman arrive. J'ai faim!

Pauline

Moi, j'ai mal au cœur tellement j'ai faim!

Paul

En tout cas, les chiens manqueront pas de bouffe!

Éric entre, transportant de lourds sacs.

Éric

On manquera pas de balles de fusil, non plus. Regardez! Trois sacs pleins!

Catherine

J'aime pas ça quand maman part longtemps. J'ai toujours peur qu'elle se fasse prendre pis qu'elle revienne pas.

Irène entre avec le manteau de fourrure de la mère et le pend à un clou.

ÉRIC
(À Irène.) Le camion était-tu en panne?

IRÈNE
Non, maman est restée plus longtemps au cimetière. *(Tous figent.)* Aujourd'hui, ça fait six mois que papa est mort.

Silence.

PAULINE
On n'ira jamais dans le Grand Nord…

PAUL
Dis pas ça, Bé.

IRÈNE
Un jour, on va y aller, Pauline. On va y aller pour papa.

ÉRIC
On va aller les voir, les aurores boréales pis le soleil de minuit.

PAUL
On va partir ensemble, par une belle nuit d'hiver, comme il voulait.

ÉRIC
Une belle nuit, avec des gros flocons de neige qui étouffent le bruit.

CATHERINE
À la pleine lune, en traîneau à chiens.

PAUL
On va se tenir collés-collés pour pas avoir froid.

PAULINE
Quand?

IRÈNE
Un jour.

ÉRIC
Bientôt!

PAULINE
(Réprimant sa peine.) Je voudrais aller voir papa au cimetière.

PAUL
On peut pas, Bé.

PAULINE
Pourquoi?

CATHERINE
C'est trop dangereux, les Ombres!

PAULINE
Pourquoi ils nous laissent pas tranquilles?

CATHERINE
Parce qu'on sait qu'ils existent. Si les Ombres nous trouvent, ils vont nous enlever le cerveau à nous autres aussi.

PAUL
Il faut rester cachés avec les chiens.

CATHERINE
Jusqu'à tant qu'ils nous oublient.

Toutoune rompt le silence en commençant à pleurer. Irène va s'en occuper.

IRÈNE
Dépêchez-vous, faut tout ramasser avant de manger. (*Au bébé.*) Oui, ma petite sœur, on est là…

Ils se remettent au travail tandis qu'Irène prépare un biberon.

Oui, ma Toune, il s'en vient, ton lait…

PAULINE
J'ai faim…

Paul brandit des boîtes de pâtée pour chien.

PAUL
Regardez, maman a acheté du mou pour les chiens !

Catherine range les boîtes de pâtée à côté des croquettes tandis qu'Éric range les munitions dans l'armoire, qui contient plusieurs fusils de chasse, des piles de boîtes de munitions ainsi que du lait en conserve.

ÉRIC
Le mou, ça doit être pour Sauvage.

PAULINE
Elle est bien assez grosse de même !

CATHERINE
Faut qu'elle mange, notre Sauvage! Elle va avoir cinq petits!

PAUL
Comment tu peux savoir ça, toi?

CATHERINE
Je lui ai touché le ventre. C'est moi qui vas avoir le premier chiot, je suis sûre!

ÉRIC
Maman va choisir à qui elle va le donner quand elle va le voir, pas avant!

CATHERINE
Il va être à moi, je suis la plus vieille!

PAUL
Non, c'est Irène.

Éric caresse un fusil avec envie.

CATHERINE
Irène, elle a Toutoune, là c'est à mon tour. (*Apercevant Éric.*) Éric Dingwell, maman veut pas que tu touches aux fusils.

ÉRIC
Mêle-toi donc de tes affaires.

IRÈNE
Touche pas, Éric.

PAULINE

Aïe… La bouffe?

IRÈNE

Quoi?

PAUL

La bouffe est où?

ÉRIC

(Réalisant que la mère n'a pas ramené à manger.) Ah non…!

CATHERINE

Baissez le ton, maman va vous entendre!

IRÈNE

Regardez comme il faut!

ÉRIC

Êtes-vous sûrs d'avoir tout pris?

PAULINE

Le camion est vide.

IRÈNE

Rien?… Il y a rien?

PAUL

(Tombant à genoux.) Non!…

PAULINE

Maman a oublié de nous acheter de la bouffe…

CATHERINE
Elle a sûrement pas oublié.

ÉRIC
Il reste plus rien à manger…

CATHERINE
Elle doit vouloir qu'on jeûne…

PAUL
Encore ?

PAULINE
Elle avait dit qu'elle ramènerait à manger !

CATHERINE
Pas si fort. Elle a changé d'idée, c'est tout. Il faut faire un jeûne pour papa.

Chacun se réfugie dans un coin en silence. Pour sa part, Éric sort un canif de sa poche, qu'il prend soin de dissimuler aux autres et l'embrasse en cachette.

Acte 1, Scène 3

Nuit. Le chalet est silencieux, tout le monde dort. Catherine se lève et va ouvrir un des sacs de nourriture pour chiens. Elle en dévore quelques poignées. Irène se réveille à son tour.

Irène

Qu'est-ce qu'il y a? C'est l'écureuil encore?… Tu manges?

Catherine

Ben non.

Irène

T'as la bouche pleine. Qu'est-ce que tu manges?

Catherine

J'ai trouvé un vieux biscuit.

Irène

Menteuse, tu bouffes du manger de chiens, le sac est encore ouvert!

CATHERINE
Laisse-moi passer!

IRÈNE
Crache!

CATHERINE
Laisse-moi tranquille!

IRÈNE
Crache ça. *(Catherine crache.)* C'est dégueulasse!

CATHERINE
J'avais trop faim! Je le ferai plus…

IRÈNE
Ça peut plus continuer…

CATHERINE
T'es mieux de pas me «stooler».

IRÈNE
Il faut retourner à la maison. On peut plus rester ici, on va tous virer fous.

CATHERINE
Je le ferai plus. Tu diras rien, hein?

IRÈNE
J'ai peur, Catherine.

CATHERINE
Pourquoi? Personne sait où on est. On est toute la famille ensemble, avec les chiens. Les Ombres peuvent rien nous faire, faut pas que t'aies peur.

IRÈNE
C'est pas les Ombres, c'est maman…

CATHERINE
Quoi, maman?

IRÈNE
Elle a pensé aux chiens pis aux balles de fusil, mais elle nous a rien ramené à manger!

CATHERINE
Y a sûrement une raison. Peut-être que tout était empoisonné au magasin. Peut-être que les Ombres l'ont suivie jusqu'au cimetière, on sait pas.

IRÈNE
Elle s'occupe plus de son bébé…

CATHERINE
Elle te l'a donné. C'est à toi d'en prendre soin maintenant.

IRÈNE
La petite a même pas de nom, encore.

CATHERINE
Un bébé peut pas fermer son esprit comme nous autres. Si Toutoune avait un nom, les Ombres nous retrouveraient tout de suite.

IRÈNE
Maman rentre plus dans maison; elle mange pis elle dort dans l'enclos!

CATHERINE
Elle reste dehors pour nous défendre contre les Ombres!

IRÈNE
Elle est plus comme avant.

CATHERINE
Avant quoi?

IRÈNE
Avant que papa meure pis qu'elle nous cache ici, avec les chiens!

CATHERINE
Il fallait partir, les Ombres nous avaient retrouvés!

IRÈNE
Qui nous dit que c'était des Ombres, Catherine? Ils venaient juste de déménager, on les connaissait même pas.

CATHERINE
Ils sont rentrés chez nous.

IRÈNE
On était embarrés!

CATHERINE
Ils sont passés en dessous de la porte, on a senti leurs fluides.

IRÈNE
Pas moi.

CATHERINE
Maman pis moi, oui. Si on s'était pas sauvés, ils nous auraient ouvert la tête à nous autres aussi.

IRÈNE
Les chiens ont pas jappé.

CATHERINE
Ils les ont gelés avec des rayons.

IRÈNE
Il est peut-être juste tombé dans un racoin, le maudit canif.

CATHERINE
On l'a cherché partout, il a disparu ! C'est tout ce qu'ils ont eu le temps de prendre mais c'est notre cerveau qu'ils voulaient. On s'est sauvés juste à temps !

IRÈNE
On peut plus rester ici, l'hiver s'en vient. Un chalet de chasse, c'est pas une place pour un bébé.

CATHERINE
Il faut attendre que les Ombres nous oublient.

IRÈNE
Ça fait quatre mois qu'on attend !

CATHERINE
Ils ont tué papa, Irène. Veux-tu finir comme lui : muet, la tête ouverte avec des fils plantés dans le cerveau ?

IRÈNE
Papa nous a jamais parlé des Ombres.

CATHERINE
Ils l'ont infecté avant qu'il puisse nous avertir.

IRÈNE
C'était peut-être vrai, qu'il était malade!

CATHERINE
Non! C'est des menteries, maman l'a dit!

IRÈNE
Papa aurait pas permis qu'on vive dans misère. Qu'est-ce qu'on va manger demain, Catherine? Du manger de chien?

CATHERINE
J'ai dit que je le ferais plus! Si tu en parles à maman, je vais lui dire que tu manigances contre elle pis elle va te châtier. Demain, je vais lui demander de nous purifier. T'en as besoin. Pis moi aussi.

Acte 1, Scène 4

Midi (jour 2, trois jours plus tard, mardi). Dans la cour, on entend la voix de Paul provenant de l'enclos des chiens.

Paul

(Hors champ.) Je l'ai dit avant toi!

Pauline surgit de l'enclos et se dirige vers les toilettes, suivie de Paul qui tente de la retenir.

Pauline

Faut que je retourne m'occuper de mon chien. Maman va me l'enlever si j'en prends pas soin.

Paul

Je l'ai dit avant!

Pauline réussit à se débarrasser de son frère et s'enferme dans les toilettes.

Pauline

Trop tard, fais un nœud!

Paul

Maudit que t'es bébé, Pauline Dingwell…

Pauline

Ah! Ça fait du bien! Il était temps qu'ils naissent, les petits maudits, j'avais assez envie!... Ahhhh!

Paul espionne silencieusement sa sœur.

As-tu vu la face à Catherine quand maman m'a donné le premier chiot? Les yeux lui ont sorti des trous, elle était tellement sûre que maman lui donnerait! Ça lui apprendra à «stooler», ben bon pour elle!... Sais-tu comment je vais l'appeler, mon chien? Bibitte. Ça lui va bien, je trouve... Sauvage a encore essayé de me mordre, la maudite. J'espère que maman va la séparer de ses petits... Paulo?... Youhou, Paulo!... Es-tu en train de faire dans le bois?

Paul

Ouain... T'aimes ça t'essuyer!

Pauline

Toi, tu vas en manger toute une.

Elle sort en trombe. Paul s'éloigne et feint de s'essuyer langoureusement en poussant de petits cris.

(Pouffant de rire.) C'est même pas vrai, maudit niaiseux! Attends que je te pogne!

Elle attrape son frère et essaie de lui pincer le sexe.

Paul

Aïe! Lâche-moi la poche!

Pauline

Ça t'apprendra à regarder où t'as pas d'affaires! Tiens! Tiens!...

PAUL

Attends, ma maudite! *(Il immobilise sa sœur et la chatouille.)* Tu vas-tu me la lâcher, la poche? Tu vas-tu me la lâcher?

PAULINE

(S'étranglant de rire.) Arrête!... OK! Je le ferai plus! Je le ferai plus!

Paul embrasse soudainement sa sœur sur la bouche, mais cette dernière le repousse.

Arrête!

Pauline s'écarte de lui. Temps.

PAUL

On va toujours rester ensemble, hein?

PAULINE

Ben oui.

PAUL

Moi, si tu meurs, je vais mourir aussi.

PAULINE

Je mourrai pas, Paulo...

PAUL

Viens!

PAULINE

Où tu vas?

PAUL

Suis-moi!

PAULINE
On n'a pas le droit de sortir du terrain!

PAUL
Maman s'occupe d'Irène, elle le saura pas, viens!

Il entraîne sa sœur à l'extérieur du terrain.

Cette nuit, j'ai rêvé que papa s'en allait dans le Nord pis qu'il nous laissait ici pour toujours. On était punis à cause de Toutoune.

PAULINE
Toutoune?

PAUL
Il voulait plus qu'on l'appelle comme ça, il disait que c'est un nom de chien…

PAULINE
C'était juste un rêve, Paulo.

Silence.

Je l'appellerai plus jamais Toutoune.

Elle crache dans sa main.

Je le jure!

Paul l'imite et ils se serrent la main en guise de serment. Éric et Catherine sortent de l'enclos tandis que les jumeaux reviennent se cacher dans la cour en riant.

ÉRIC
Étais-tu obligée de bavasser?

CATHERINE
On n'a pas le droit de sortir du terrain. Irène a

désobéi, tant pis pour elle. Elle méritait d'être châtiée. Une bonne volée, ça replace les idées.

Catherine se lave les mains. On entend rire les jumeaux.

Les jumeaux, arrêtez de niaiser pis venez vous laver! Vous puez le cochon.

PAUL

(À Pauline.) Elle, elle pue la crotte de chien!

Ils pouffent de rire.

CATHERINE

Arrêtez de rire comme des épais! Maman veut nous purifier avant de s'en aller en ville. Dépêchez-vous!

PAULINE

T'es jalouse parce que t'as pas eu le premier chiot.

CATHERINE

Jalouse? J'en veux pas, il a l'air d'un rat.

PAULINE

C'est même pas vrai.

ÉRIC

Ça va faire un chien fort, comme Satan pis Killer.

PAUL

Moi, c'est la petite femelle avec un œil bleu pis un œil jaune que j'aime le mieux.

CATHERINE

Maman lui a donné le premier, elle prend le premier. Même s'il a l'air d'un rat.

PAULINE
Je vais le dire à maman si t'arrêtes pas.

CATHERINE
Qu'est-ce que tu vas faire avec un chien?

PAULINE
Je vais le dresser à attaquer les Ombres.

CATHERINE
Tu seras jamais capable, t'as peur!

PAULINE
Un bébé, j'aurai pas peur!

PAUL
Avec un chiot, elle va s'habituer, maman l'a dit.

CATHERINE
C'est une peureuse, les chiens l'aiment pas! C'est la seule qui se fait mordre.

PAULINE
Mon chien me mordra pas. Il va m'aimer parce qu'il va être à moi!

CATHERINE
Il va t'haïr comme les autres, Pauline. De toutes façons, Sauvage a pas assez de lait pour nourrir ses petits, elle a les tétines plates comme des galettes! Il va crever de faim, ton chien.

Irène sort péniblement de l'enclos avec le manteau de la mère.

ÉRIC
Qu'est-ce que tu fais, pourquoi tu ramènes le manteau de maman ?

IRÈNE
Va refermer la barrière.

PAUL
Maman va plus en ville ?

IRÈNE
Non. Elle a changé d'idée.

ÉRIC
Le camion est prêt, je l'ai fait partir tantôt !

PAUL
Y a plus rien à bouffer !

CATHERINE
Vous pouvez pas penser à d'autre chose que manger des fois ?!

IRÈNE
(À Catherine.) Toi, maman t'appelle. Elle veut que tu enlèves les petits à Sauvage quand ils auront fini de boire.

PAULINE
J'y vais !

CATHERINE
Non ! C'est moi qu'elle a appelée, pas toi !

IRÈNE

(À Catherine.) Pis surveille Sauvage pendant qu'elle allaite. J'aime pas comment elle regarde ses petits.

Catherine entre dans l'enclos.

Va refermer la barrière, Éric!

ÉRIC

Non, faut que maman aille en ville!

IRÈNE

C'est pas moi qui décide, obéis!

ÉRIC

Ça fait trois jours qu'on bouffe des cenelles!

IRÈNE

Obéis!

ÉRIC

(Sortant de la cour.) J'en ai plein le casque.

IRÈNE

(Aux jumeaux.) Vous deux, allez chercher de l'eau.

PAULINE

Je peux pas, ma main!

PAUL

Il est guéri, ton bobo, maudite «seineuse».

PAULINE

Ça va recommencer à saigner si je force.

PAUL
(À Irène.) Si elle vient pas, j'y vais pas non plus.

IRÈNE
(Lui donnant une claque.) Va chercher de l'eau!

PAUL
(Sortant de la cour.) Je suis écœuré d'être ici.

PAULINE
Grouille, j'ai soif.

À l'intérieur du chalet, Toutoune pleure. Irène saisit la main de Pauline et enlève le bandage pour examiner la plaie.

Vite, il faut que j'aille voir mon chien.

IRÈNE
Va aider ton frère au ruisseau.

PAULINE
Redonne-moi mon pansement.

IRÈNE
(Jetant le bandage au feu.) Obéis!

PAULINE
Je suis tannée!

Pauline sort de la cour. Le manteau de la mère à la main, Irène entre dans le chalet pour s'occuper du bébé.

IRÈNE
Je suis plus capable! Je suis plus capable, Toutoune!

Acte 1, Scène 5

Nuit. Dans le chalet, tout le monde dort. Paul arrive de l'extérieur, un biberon et une boîte de lait à la main. Il fait du bruit et réveille le bébé, qui se met à pleurer. Irène se réveille et va s'en occuper.

Irène

Chut!... Chut mon bébé! (*Apercevant Paul.*) Qu'est-ce que tu fais là, toi? Tu m'as fait peur!

Paul

Je... J'allais lui préparer un biberon.

Irène

Depuis quand tu t'occupes de Toutoune?

Paul

Elle pleurait, ça m'a réveillé...

Irène

Je m'en occupe, va te coucher.

Paul bat prudemment en retraite tandis qu'Irène constate qu'il ne reste plus une seule boîte de lait dans l'armoire.

Le lait!?

PAUL
C'est pas moi…

Elle se rue sur Paul et l'agrippe par la peau du cou.

IRÈNE
Qu'est-ce que t'as fait avec le lait?

PAUL
Chut! Maman va t'entendre!

IRÈNE
(Chuchotant à son tour.) Tu l'as bu, c'est ça?

PAUL
Non!

IRÈNE
Qu'est-ce que t'as fait avec, réponds!

PAUL
Sauvage a pas assez de lait, on l'a donné aux chiots.

IRÈNE
Quoi!?

PAUL
C'est maman qui l'a dit.

IRÈNE
Tout? Vous leur avez tout donné?

PAUL
Ils avaient soif!

Irène
Pis Toutoune, qu'est-ce qu'elle va boire, hein?

Paul
(Essayant de calmer Irène.) Maman va sûrement aller en ville maintenant que les chiots sont nés. Elle va en ramener du lait.

Irène
C'est tout de suite qu'elle a faim!

Irène lâche Paul.

Paul
Donne-lui de l'eau, ça va la calmer… C'est maman qui m'a dit de faire ça.

Irène
Donne-moi la bouilloire pis va te coucher.

Paul
Tu pleures?

Irène
Va te coucher!

Paul obéit. Restée seule, Irène remplit un biberon propre avec l'eau contenue dans une bouilloire. Elle y ajoute du cognac qu'elle a sorti de l'armoire et va donner le biberon au bébé qui se tait aussitôt.

Tiens, ma belle, bois… Dors, ma toute petite, dors…

Irène hésite puis prend de l'argent dans le manteau de sa mère, enfile une veste et s'enfuit. Un chien aboie. Paul se lève.

PAUL

Irène? (*Il court à la fenêtre.*) Irène! (*À la volée.*) Réveillez-vous, Irène s'en va!

Tous se réveillent et vont voir à la fenêtre. Catherine va décrocher le manteau de la mère et sort du chalet.

CATHERINE

Maman! Maman! Irène se sauve! Elle se pousse avec le bicycle! Je pense qu'elle a volé de l'argent!

Tous les chiens commencent à aboyer.

Acte 2, Scène 1

Matin (jour 3, mercredi). Pauline dort. Paul entre dans le chalet en portant un grand seau d'eau qu'il pose par terre. Il va réveiller sa jumelle.

Paul

Pauline! Pauline réveille-toi, Catherine t'appelle.

Pauline

Irène est-tu revenue?

Paul

Non, mais Éric a fini par faire partir le camion pis maman est allée la chercher.

Pauline

Pourquoi elle a fait ça? Elle le sait que c'est dangereux si on reste pas ensemble.

Paul

Maman va la retrouver, aie pas peur; Irène est juste en bicycle. Habille-toi! Où c'est qu'il est Éric?

PAULINE
Je sais pas.

PAUL
Grouille, on s'en va à la pêche…

PAULINE
Je peux pas, faut que je m'occupe de mon chien.

PAUL
Tu viens à la pêche avec nous autres ! Catherine m'a dit de venir te chercher.

PAULINE
Un chiot, c'est comme un bébé, il faut s'en occuper tout le temps.

PAUL
Catherine va te châtier si t'obéis pas !

PAULINE
Elle a pas le droit, c'est pas ma mère…

Pauline enfile une veste pour sortir. Paul la retient. Dehors, Toutoune commence à pleurer.

PAUL
Tu viens à la pêche avec nous autres !

PAULINE
Non, je vais m'occuper de Bibitte, lâche-moi !

PAUL
Tu peux pas y aller !

PAULINE
Lâche-moi!

PAUL
Tu peux pas, Pauline…

PAULINE
Laisse-moi tranquille!

PAUL
Pauline!

PAULINE
Je veux voir mon bébé, lâche-moi!

PAUL
Tu peux pas, Sauvage l'a tué!

Pauline cesse immédiatement de se débattre.

PAULINE
Quoi?

PAUL
Sauvage a tué Bibitte.

PAULINE
Menteur! Maudit menteur!

Catherine arrive de l'extérieur avec un biberon vide.

PAUL
Elle veut aller dans l'enclos.

PAULINE
Je veux voir mon chien!

PAUL
Il est mort!

PAULINE
Menteur!

CATHERINE
C'est vrai!

PAULINE
(À Catherine.) Maudite jalouse, je veux voir mon chien!

CATHERINE
Sauvage l'a tué!

PAULINE
Ça se peut pas, elle est attachée avec de la chaîne.

CATHERINE
Je l'ai détachée.

PAULINE
Quoi?

PAUL
Catherine l'a détachée pour que les chiots boivent!

PAULINE
Irène t'avait dit de la surveiller. Je te gage que t'as fait exprès, je vais le dire à maman!

Catherine met quelques gouttes de cognac dans le biberon.

CATHERINE
J'ai rien pu faire, ça s'est passé trop vite. Sauvage a attrapé Bibitte par le cou pis elle l'a lancé dans les airs. Adolf pis Bhopal l'ont attrapé pis ils l'ont tout bouffé, j'ai rien pu faire.

PAULINE
(Donnant un coup à Paul.) Pis toi, t'as rien fait, maudit lâche?

PAUL
J'étais parti chercher de l'eau, j'ai rien vu.

PAULINE
Je veux y aller.

PAUL
Ils ont tout mangé, Bé.

PAULINE
Non!

PAUL
Il reste plus rien, je suis allé voir.

CATHERINE
(À Paul.) Je t'avais interdit d'aller dans l'enclos. Les chiens sont trop nerveux.

PAULINE
Bibitte!... Bibitte!

Pendant que Pauline continue à pleurer son chiot, Paul la console avec beaucoup de douceur.

Paul
Je lui ai fourré une bonne volée. Elle va se tenir tranquille pour un bout, la Sauvage… Pleure plus, Bé.

Catherine remplit le biberon à même le seau rapporté par Paul.

Catherine
Où c'est qu'il est, Éric ?

Paul
On le sait pas, on l'a pas vu.

Catherine
(Pour elle-même.) Lui, s'il a désobéi…

Elle va ouvrir l'armoire. Il manque une arme.

Il a pris un fusil ! Attends que je le dise à maman ! *(Aux jumeaux.)* Grouillez-vous, on s'en va à la pêche ! Pis je vous défends d'aller dans l'enclos. Vous énervez les chiens, faut qu'ils se calment, compris ?

Elle sort.

Paul
Quand maman va revenir avec Irène, tu lui demanderas la petite femelle ! Tu sais, celle qui a un œil jaune pis un œil bleu !

Pauline
J'en veux pas d'autres, c'est Bibitte que j'aimais… Je veux retourner à la maison.

PAUL
J'ai rêvé à papa cette nuit… Il nous amenait tous manger de la crème glacée. Moi, j'avais choisi au chocolat.

PAULINE
Pis moi ?

PAUL
Toi, c'était aux fraises.

PAULINE
Ma préférée.

PAUL
Oui. Mais fallait qu'on se dépêche à manger parce que la crème glacée fondait.

PAULINE
Il faisait chaud ?

PAUL
Oui, c'était l'été, mais on était tous habillés en hiver, sauf papa. Il nous a ramenés à la maison pour qu'on se change, mais le temps d'arriver, c'était déjà l'hiver. Maman nous attendait sur le perron, dans son manteau de fourrure.

PAULINE
Qu'est-ce qu'elle faisait ?

PAUL
Elle riait.

PAULINE
Elle riait!?

PAUL
Oui, elle riait de papa qui grelottait dans ses shorts pis sa chemise à manches courtes.

PAULINE
Après?

PAUL
On est rentrés dans la maison pis papa a fait du feu.

PAULINE
On était bien, hein?

PAUL
Oui, on était bien. Comme avant.

PAULINE
J'avais pas peur quand il était là… Jure-moi qu'on va rester ensemble. Toujours.

PAUL
Je te le jure.

CATHERINE
(Hors champ.) Les jumeaux, si vous sortez pas, je vais aller vous chercher.

PAUL
Viens, avant qu'elle pogne les nerfs.

Ils sortent du chalet avec les lignes à pêche.

ACTE 2, SCÈNE 2

Du chalet, on entend la voix de Pauline, hors champ.

PAULINE

Maman ?... Maman !

Catherine entre dans le chalet avec le bébé, suivie de Pauline qui dépose quelques poissons sur la table en pleurant et de Paul qui range maladroitement les lignes à pêche.

CATHERINE

Son manteau est pas là, tu vois bien qu'elle est pas revenue...

PAUL

Quand on va partir pour le Nord, je vais les sacrer dans le feu, les maudites cannes à pêche !

CATHERINE

(À Pauline.) Ah ! Arrête de pleurer ! Maman aime pas les braillardes !

PAUL
Laisse-la tranquille, elle a de la peine.

PAULINE
(À Paul.) Arrête de parler à ma place!

CATHERINE
Allez vider les poissons si vous voulez manger!

À l'insu de tous, Éric écoute la dispute en souriant. Il tient un fusil et un sac.

PAUL
J'en veux pas de tes maudits poissons!

PAULINE
Parfait, ça en fera plus pour les autres.

PAUL
Tu peux bien être grosse!

PAULINE
Tu peux bien être laid!

PAUL
J'haïs le poisson!

CATHERINE
C'est ça ou rien; il y a rien d'autre!

ÉRIC
Pas vrai! Moi j'ai de la bouffe. De la vraie bouffe!

Paul s'élance sur le sac et fouille dedans.

PAULINE
Sont revenues?

Éric

Non.

Paul

(Fouillant dans le sac.) Une perdrix! C'est toi qui l'as tuée?

Éric

Oui.

Catherine

Maman va le savoir que t'as pris un fusil!

Paul

Wow! Des cannes de binnes!

Catherine

Paul, touche à rien! (*À Éric.*) Où c'est que t'étais? On t'a attendu une demi-heure en bas.

Éric

J'ai ramené à manger, oui ou non?

Paul

Même de la viande!

Catherine

De la viande! Il y a trois bouchées d'os, après une perdrix. Les fusils, c'est seulement si les Ombres nous attaquent pis y a juste maman qui a le droit de s'en servir. Veux-tu que tout le monde sache qu'on est ici?

PAUL
C'est la saison de la chasse, c'est normal les coups de fusil.

CATHERINE
Les Ombres peuvent nous entendre.

ÉRIC
Pis? Ils vont reconnaître nos fusils au son?

CATHERINE
Quand maman pis Irène sont pas là, c'est moi qui commande, compris?

ÉRIC
Toi? Depuis quand?

CATHERINE
C'est moi la plus vieille!

ÉRIC
Pis? Moi, je sais tirer.

Paul sort une grosse boîte de fèves au lard et un grand pot de colorant à café (Coffeemate) du sac.

CATHERINE
(Criant à Paul.) Toi, touche à rien! (*Toutoune se met à pleurer.*) Vous avez encore réveillé la petite!

PAUL
C'est pas nous autres, c'est toi!

PAULINE
Arrêtez de crier!

Éric saisit le pot de Coffeemate.

CATHERINE
(À Éric.) Où t'as pris ça?

ÉRIC
C'est pour le café mais c'est comme du lait…

CATHERINE
Il faut attendre maman!

ÉRIC
T'es pas tannée de l'entendre brailler, toi?

Paul s'empare du pot, mais Catherine le lui enlève.

PAUL
(À Catherine.) On peut pas lui donner rien que du cognac.

CATHERINE
Il faut le mélanger avec de l'eau!

PAUL
(Se moquant.) Ah oui? Hein! Dis-moi pas…!

Catherine lui donne une claque sur l'oreille.

CATHERINE
Toi, mon petit maudit, tu me monteras pas sur la tête.

Pauline se lève, prend le lit du bébé et sort.

PAULINE
Viens bébé, c'est tous des morons.

ÉRIC
Qu'est-ce qu'elle a, elle?

PAUL
Sauvage a tué son chien.

ÉRIC
Vous l'avez détachée?

PAUL
Demande au boss des bécosses.

CATHERINE
Fallait que les chiots boivent.

Paul s'apprête à sortir, avec le pot et un biberon.

Paul Dingwell, le poisson!

PAUL
Maudite marde!...

CATHERINE
Pis garde les entrailles pour Skelter. J'y donnerai tantôt.

Paul prend le poisson et sort.

(À Éric.) Où t'as pris ça?

ÉRIC
Dans le chalet vert, proche du tournant. J'ai arraché le cadenas après la porte.

CATHERINE
T'as pas le droit de sortir du terrain. Surtout après ce qui s'est passé avec Irène.

Éric s'empare des fèves au lard et de la perdrix.

CATHERINE
On mange rien avant que maman l'ait senti.

ÉRIC
Mange ta perchaude si tu veux, moi, c'est ça que je bouffe!

CATHERINE
C'est peut-être poison!

ÉRIC
Je mourrai empoisonné au lieu de mourir de faim!

CATHERINE
Il faut tout purifier avant. Tu sais pas comment faire, pousse-toi!

Catherine passe son petit chien de bois au-dessus des aliments.

ÉRIC
(À la volée.) Paul! Laisse faire le poisson, à soir, on mange de la perdrix aux binnes!

PAUL
(Hors champ.) Oh! Yes!... Yes!

Éric agrippe Catherine et la fait tourner. Catherine crie et rit à gorge déployée.

ÉRIC
(À la volée.) Pis comme dessert, Catherine va nous faire des pets flambés!

CATHERINE
T'es con, Éric Dingwell!

Acte 2, Scène 3

Soir. Dans la cour, Éric est assis près du feu et épluche un bout de bois avec son canif, à côté des jumeaux qui dorment côte à côte. Catherine sort du chalet et rejoint Éric en s'essuyant discrètement la bouche. Éric range vivement le canif.

Catherine
Toutoune s'est pas réveillée?

Éric
Non. Elle dort comme une roche. Je vais exploser. Maudit que c'était bon! Tu sais pas ce que t'as manqué…

Catherine
Maman veut qu'on jeûne.

Éric
Comment tu fais, tu manges quasiment rien…

Catherine
Qu'est-ce qu'elles font? C'est bien long!

ÉRIC
Le camion doit être en panne, encore…

CATHERINE
Je le savais qu'Irène finirait par se pousser.

ÉRIC
Maman va te la ramener par la peau du cou, tu vas voir.

CATHERINE
C'est sûrement la voisine qui l'a infectée.

ÉRIC
La voisine? C'est rien qu'une petite vieille!

CATHERINE
Pis? Les nouveaux voisins en ville, ils avaient pas l'air dangereux, eux autres non plus!… Surtout pas la petite blonde, hein, Éric?

ÉRIC
Arrête de m'écœurer avec ça.

CATHERINE
Elle était de ton goût, hein?

ÉRIC
Je le sais pas, on s'est jamais parlés.

CATHERINE
Savais-tu qu'elle riait de toi à l'école?

ÉRIC
Pis, qu'est-ce que tu veux que ça me fasse?

CATHERINE
Compte-toi chanceux que maman ait rien su.

ÉRIC
Elle a rien su parce qu'il y avait rien à savoir, c'était pas ma blonde, OK?

CATHERINE
Ben oui, ben oui, c'est ça.

Elle se donne de petits baisers sur les bras.

ÉRIC
Ça t'écœure que maman t'ait pas choisie pour l'aider quand papa est mort, hein?

CATHERINE
Elle t'a pas choisi, toi non plus.

ÉRIC
T'aimerais ça prendre la place d'Irène au lieu de nettoyer l'enclos, dis-le donc!

CATHERINE
Va bien falloir que maman la remplace.

ÉRIC
Maman, elle a besoin de quelqu'un qui sait se servir d'une arme.

CATHERINE
Toi, ça? C'est pas parce que t'as tué une petite perdrix que t'es capable de nous défendre. T'es trop jeune pour commander!

Éric
Maman te choisira pas, elle te choisit jamais. T'as beau l'aider, t'as beau faire tout ce qu'elle veut, elle te choisit jamais ! Elle doit pas aimer les « stools ».

Catherine
Fais bien attention, Éric Dingwell.

Éric
Quoi ? Tu vas me « stooler » ?

Catherine
Je me demande ce que maman ferait si elle apprenait que son gars a le kick sur une Ombre.

Éric
J'ai pas le kick, arrête de m'écœurer.

Les chiens commencent à aboyer. Catherine et Éric se lèvent comme des ressorts.

Catherine
Les v'là ! Les jumeaux, réveillez-vous, les v'là !

Pauline
Irène est-tu avec elle ?

Éric
(À Catherine.) C'est pas maman ! Fais-les rentrer !

Catherine
La barrière ! Le cadenas est pas fermé !

Éric sort au pas de course.

Pauline
C'est qui ?

IRÈNE : Maman a pensé aux chiens pis aux balles de fusil mais elle

PAULINE : Faut que je retourne m'occuper de mon chien. Maman va me l'enlever si j'en prends pas soin.

PAULINE : C'est le gros! Le gros à moustaches!
IRÈNE : Il s'appelle Dave, il va nous aider.

Irène : Maman a pété sa coche quand le maudit couteau a disparu!

CATHERINE
Rentrez ! Dépêchez-vous !

PAULINE
Paulo ! J'ai peur !

CATHERINE
Tais-toi, ils vont nous entendre !

Ils courent se réfugier dans le chalet. Les chiens aboient toujours. Catherine et les jumeaux vont à la fenêtre pour voir dehors.

PAUL
(Regardant dehors.) Je le vois ! Un gros avec des moustaches.

Éric les rejoint, très essoufflé.

CATHERINE
Pis ? La barrière ?

ÉRIC
Fermée !

CATHERINE
La porte de la cour… ?

ÉRIC
Barrée.

CATHERINE
Est-ce qu'il t'a vu ?

ÉRIC
Non.

Les chiens aboient de plus belle.

PAULINE
Poussez-vous, je vois rien.

ÉRIC
Fermez-la!

Ils se taisent, on n'entend plus que les chiens, devenus hystériques. Tous se retirent soudainement de la fenêtre. Ils chuchotent.

CATHERINE
Il grimpe sur la clôture…

PAULINE
Qu'est-ce qu'on fait?

Paul risque un coup œil, mais Catherine le tire en arrière.

CATHERINE
Il va te voir, crétin.

PAUL
(En pouffant.) Il a le fond de culotte pogné dans les barbelés!

Ils s'agglutinent à la fenêtre pour voir l'étranger.

ÉRIC
On dirait une mouche dans une toile d'araignée.

PAULINE
Regardez! Le monsieur s'est fait bobo…

PAUL
Hon! Le monsieur saigne du cul!…

CATHERINE
Il s'en va!

PAULINE
C'est ça, va-t'en, gros con!

ÉRIC
Chut! Il va vous entendre.

Silence. Toutoune commence à pleurer. Pauline s'élance vers le bébé tandis que les autres se ruent à la fenêtre.

PAUL
Il revient!

CATHERINE
Il essaye d'arracher le cadenas!

PAULINE
Elle a vomi partout!

Éric va prendre un fusil dans l'armoire.

CATHERINE
(À Éric.) Touche pas à ça!

Éric va à la fenêtre, l'ouvre, vise et tire. Plus personne ne bouge, même les chiens se sont tus, il ne reste que Toutoune qui pleure. Tous se précipitent à la fenêtre.

ÉRIC
Il s'en va!

Paul
Le gros tas s'en va!

Catherine
C'était peut-être un espion!

Paul
Tu l'as eu, Éric!

Ils crient de joie et s'autocongratulent. Catherine arrache le fusil des mains d'Éric.

Catherine
Arrêtez!

Pauline
On l'a eu, Catherine!

Paul
On l'a eu!

Catherine
Il peut revenir.

Pauline
Il reviendra pas, il a eu bien trop peur!

Paul
S'il revient, on lui tirera dessus, c'est tout!

Un chien commence à hurler.

Éric
Ouais, c'est tout. Hou! Hou! Hou!...

Tous se mettent à hurler et Catherine finit par se joindre à eux.

Acte 3, Scène 1

Nuit. Catherine sort du chalet avec le pot de Coffeemate et se dirige vivement vers l'enclos. Elle ouvre la trappe.

Catherine

(Chuchotant.) Qu'est-ce que tu fais là, toi? *(Elle entre dans l'enclos. Hors champ.)* Comment tu fais pour sortir?...Viens ici, mon petit maudit. Bibitte! Ici Bibitte, ici!... Tiens... C'est pour le café mais c'est comme du lait... Quand maman va revenir, elle va changer d'idée pis tu vas être à moi, comme elle l'avait dit. Pauline est pas capable de s'occuper de toi. Non, non! Non, tu restes caché dans ta cabane. (*Fort.*) Néron, couché!

Irène entre dans la cour habillée de nouveaux vêtements.

(Hors champ.) Néron! Couché, j'ai dit!

Irène

Catherine?

Catherine surgit de l'enclos.

CATHERINE
Ah ben maudit! (*À la volée.*) Réveillez-vous, sont revenues! (*À Irène.*) Tu vas regretter d'avoir fait ça, Irène Dingwell.

Les autres sortent du chalet.

PAUL
Regardez son linge!

ÉRIC
Le camion est où?

PAULINE
Maman, Sauvage a tué mon chien!

IRÈNE
Maman est pas là...

PAUL
Est où?

IRÈNE
À l'hôpital. Je suis venue vous chercher.

ÉRIC
Elle a eu un accident avec le camion?

PAUL
Est blessée?

IRÈNE
Non.

PAULINE
Est morte?

Irène
Non. Elle passe des tests.

Éric
Des tests de quoi?

Irène
Elle a besoin de nous autres, elle est malade.

Catherine
Des tests de quoi?

Irène
Pour la tête.

Pauline
Qu'est-ce qu'elle a?

Irène ne répond pas.

Catherine
Qu'est-ce qu'elle a, réponds!

Irène
Est malade dans tête! Elle capote depuis que papa est mort. Elle est plus capable de s'occuper d'elle ni de nous autres, pis encore moins de son bébé. Venez avec moi, elle a besoin de nous autres.

Les chiens se mettent à aboyer. Le rayon d'une lampe de poche traverse la nuit.

Pauline
C'est quoi?

Les jumeaux vont jeter un œil à la barrière.

Paul
Ça grouille sur le chemin, elle est pas toute seule!

Éric
(Empoignant Irène.) Ma maudite, qui c'est qui est avec toi?

Pauline
C'est le gros! Le gros à moustaches!

Irène
Il s'appelle Dave, il va nous aider.

Éric
Les autres, c'est qui?

Catherine
C'est des Ombres, crétin!

Paul
Elle a ouvert la barrière!

Irène
Je leur ai dit de rester sur le chemin, ils bougeront pas.

Éric
Paul, va barrer le cadenas, vite!

Paul s'élance dehors par le portail.

Irène
Ils feront rien, Dave me l'a promis.

Catherine entre dans l'enclos.

PAULINE

(À Catherine.) Qu'est-ce que tu fais ?

CATHERINE

Je fais sortir les chiens.

IRÈNE

Non ! Ils vont rester sur le chemin. Catherine ! (*À Éric.*) Ils m'ont promis de pas entrer sur le terrain !

PAULINE

Pourquoi t'as fait ça ?

IRÈNE

J'ai rien fait !

PAULINE

Ils vont tuer maman !

IRÈNE

Non, ils vont la soigner.

On entend les chiens attaquer, des hommes crier.

ÉRIC

Menteuse ! Ils vont lui faire la même chose qu'à papa. Ils vont fouiller son cerveau pour lui voler son esprit !

IRÈNE

Non ! Ils vont la guérir, elle va redevenir comme avant !

Paul revient, hystérique.

Paul
Je suis arrivé juste à temps! Un peu plus, ils rentraient sur le terrain. Catherine a lâché Satan en premier. Il a quasiment arraché la main d'une police!

Pauline
La police?

Paul
C'est plein de police!

Catherine surgit de l'enclos.

Catherine
Vite, tout le monde en dedans!

Irène
Arrêtez, non!

Éric
(Poussant Irène.) Avance!

Ils se barricadent à l'intérieur du chalet en entassant tout ce qui leur tombe sous la main devant la porte.

Irène
Arrêtez!... C'est pas des Ombres!... C'est pas des Ombres, c'est du monde comme nous autres!... Ils veulent nous aider...

On entend des cris d'hommes et des aboiements de chiens. Éric s'empare d'un fusil et de balles dans l'armoire.

Éric
Ils sont combien?

CATHERINE
Une maudite gang!

PAUL
Pis il en arrivait d'autres…

IRÈNE
Qu'est-ce que vous allez faire?

Éric va se poster à la fenêtre avec son arme.

ÉRIC
Ils ont eu maman, mais nous autres, ils nous auront pas.

IRÈNE
(À Éric.) T'es fou? Lâche ça tout de suite!

CATHERINE
(Retenant Irène.) Pauline, viens m'aider!

Pauline aide Catherine à attacher Irène à l'aide de ruban adhésif.

ÉRIC
Fouillez-la.

Catherine fouille Irène, qui tressaille étrangement.

CATHERINE
Tiens-toi tranquille!

Dehors, un chien attaque, des hommes crient. La lumière d'un puissant projecteur balaye la pièce.

PAUL
(Criant.) Les rayons! Couchez-vous!

Ils se jettent par terre, terrorisés.

Irène
C'est rien que de la lumière !

Catherine
Ils veulent nous paralyser, cachez vos yeux !

Irène
C'est de la lumière, bonyeu !

Un coup de feu éclate. Consternation. Paul risque un coup d'œil à la fenêtre.

Paul
Satan ! Ils ont tué Satan !

Éric arme son fusil, ouvre la fenêtre et épaule.

Éric
(Criant à la volée.) Allez-vous-en, gang de rats !

Irène
Non !

Il tire dans le tas, referme la fenêtre et s'aplatit contre le mur. Silence relatif, sauf quelques chiens qui aboient et Toutoune, qui s'est mise à pleurer.

Irène
Vous êtes fous…

Catherine
Ils l'ont fermée leur maudite lumière !

Irène
(Criant.) Il a peut-être tué quelqu'un !

CATHERINE
Ça fera une Ombre en moins…

PAUL
(Regardant dehors.) Il y a plus rien qui bouge. Sont peut-être partis…

IRÈNE
Ils partiront pas. Ils vont attendre que vous soyez plus capables pis que vous sortiez de votre trou.

ÉRIC
Ils vont attendre longtemps.

IRÈNE
Qu'est-ce que vous allez faire, tuer tout le monde?

CATHERINE
On a des balles pis des fusils en masse!

Toutoune s'étouffe et pleure de plus belle.

IRÈNE
Occupez-vous de la petite!

Pauline y va. Éric rejoint Paul à la fenêtre.

ÉRIC
Qu'est-ce qu'ils font?

PAUL
On dirait qu'ils téléphonent.

PAULINE
Elle a encore vomi!

Irène
Comment ça, encore?

Catherine
Ça, c'est à cause de ton maudit lait, Éric Dingwell.

Irène
Quel lait?

Paul
(Montrant le Coffeemate.) Éric a volé ça dans le chalet vert. C'est pour le café mais c'est comme du lait.

Irène
Vous lui avez donné ça?

Catherine
Pas comme ça, on l'a mélangé avec de l'eau…

Irène
Quelle eau?

Pauline
Arrête de pleurer, bébé!

Irène
Je veux la voir!

Catherine
Non!

Pauline
Laissez-la s'en occuper!

Catherine
Non! Elle reste attachée.

Irène
Toutoune a besoin de moi!

Pauline
La petite est bouillante!

Paul
Laissez-la donc s'en occuper.

Irène
Éric!

Éric se décide. Il sort son canif et libère Irène.

Catherine
Le canif! Le canif à papa!?

Paul
C'est toi qui l'avais!?

Irène
Tu l'avais pis t'as rien dit?

Pauline
Irène, vite!

Catherine
(S'interposant.) Non! Elle va contaminer la petite!

Éric
Les nerfs, Catherine! Laisse-la!

Irène
(S'emparant du lit de Toutoune.) Il reste-tu de l'eau dans la bouilloire?

Pauline
Oui.

Irène
Mets-en dans un biberon, vite!

Pauline s'exécute et rejoint Irène.

Catherine
Vous comprenez rien!? Elle attend juste de pouvoir les faire entrer!

Éric
Ben surveille-la! Je peux pas tout faire, moi.

Catherine
Laisse personne s'approcher de la maison! Personne sort dehors sans ma permission. Compris Éric Dingwell?

Elle va surveiller Irène. Les garçons restent près de la fenêtre.

Paul
La petite va être correcte, hein?

Éric
Ben oui. Irène a le tour avec.

Paul
Éric... Je peux-tu voir le canif?

ÉRIC

(Lui tendant le canif.) C'est à moi, maintenant. Fais-lui attention.

PAUL

(Dépliant religieusement la lame.) Papa…

ACTE 3, SCÈNE 2

Nuit. Dans le chalet, Éric monte la garde en épluchant son bout de bois à l'aide de son canif. Irène s'apprête à sortir.

ÉRIC

Où tu vas?

IRÈNE

(Chuchotant.) Aux bécosses.

ÉRIC

(Chuchotant à son tour.) Est où, Catherine?

IRÈNE

Elle dort…

ÉRIC

Tu iras aux bécosses quand elle sera levée.

IRÈNE

Ça presse!

ÉRIC

Non.

IRÈNE
Je peux pas me sauver, tu surveilles la barrière!

ÉRIC
J'ai dit non, pisse dans chaudière.

Irène s'assoit par terre en soupirant.

IRÈNE
Ça fait quatre mois qu'on pourrit ici à cause de toi. Maudit voleur!

ÉRIC
J'ai rien volé, c'est papa qui me l'a donné.

IRÈNE
Menteur! Quand? Quand ça, qu'il te l'a donné?

ÉRIC
La dernière fois! Avant de mourir. Quand on l'a vu chacun notre tour, à l'hôpital.

IRÈNE
Il t'a parlé?

ÉRIC
Non, mais quand il m'a donné mon chien de bois, il a pris ma main, il a mis son canif dedans pis il a serré mes doigts dessus.

IRÈNE
Maman a pété sa coche quand le maudit couteau a disparu! Tu le savais que c'était pas les Ombres qui l'avaient pris, pourquoi t'as rien dit?

ÉRIC
Elle a brûlé toutes les affaires de papa en revenant de l'hôpital! Elle me l'aurait enlevé, il me l'a donné, à moi!

IRÈNE
T'aurais pu essayer de lui expliquer au lieu de la laisser capoter.

ÉRIC
Elle m'aurait pas écoutée. Elle l'aurait brûlé avec le reste. J'ai juré à papa de toujours le garder avec moi.

IRÈNE
Maman a viré sur le top à cause de toi.

ÉRIC
Toi, tu l'as envoyée se faire arracher le cerveau! Ça fait combien de temps que tu prépares ton coup?

IRÈNE
C'est pas un coup, Éric! J'étais juste partie chercher du lait pour Toutoune, mais quand maman m'a retrouvée, elle s'est mise à crier après moi, tout le monde nous regardait. La police est arrivée pis ils nous ont emmenées.

ÉRIC
Ils vont lui arracher le cerveau!

IRÈNE
Non, ils vont la soigner.

ÉRIC
Papa aussi, ils l'ont soigné : ils lui ont ouvert la tête pis ils l'ont tué.

IRÈNE
Papa est mort d'un cancer du cerveau, Éric.

ÉRIC
C'est pas vrai. Les Ombres l'ont tué pis ils veulent nous faire la même chose.

IRÈNE
Les Ombres existent pas. Dehors, c'est des personnes comme nous autres qui veulent nous aider. Laisse-moi partir avec Toutoune, Éric. Elle est malade.

ÉRIC
Elle est correcte, elle pleure plus.

IRÈNE
Non, est pas correcte, as-tu vu son ventre ? Vous le saviez qu'il fallait faire bouillir l'eau avant de lui donner !

ÉRIC
Je la bois de même pis je suis pas malade.

IRÈNE
C'est un bébé, cette eau-là peut la tuer !

ÉRIC
On n'y a pas pensé…

Irène
T'as peut-être tué quelqu'un, tantôt; ça, tu y as-tu pensé?

Éric
(Brandissant son fusil.) Qu'ils essayent encore de s'approcher, ils vont s'apercevoir que je sais tirer.

Irène
C'est un fusil de chasse, pas une mitraillette! Papa t'a appris à tirer sur les perdrix, pas sur le monde. Il aurait jamais pointé une arme sur quelqu'un, lui. Jamais.

Éric
Papa, c'était un mou. Il était pas capable de nous protéger.

Irène
Il était pas mou, il était normal. Il nous aimait, il aimait maman, mais il croyait pas aux folies qu'elle inventait.

Éric
Il est mort, aussi. Moi, les Ombres m'auront pas. Je vais y aller dans le Grand Nord, je ferai pas juste en parler.

Irène
Ah oui? Comment? En t'enterrant ici? En tirant sur ceux qui viennent t'aider? Laisse partir le bébé.

Éric
Non! C'est plus toi qui commandes, OK!

IRÈNE
C'est pas toi non plus, en tout cas…

ÉRIC
Moi, je fais ce que je veux.

IRÈNE
Ah oui ? Qui c'est qui surveille pendant qu'elle, elle dort ?

ÉRIC
Elle sait même pas tirer.

IRÈNE
Pis ? C'est Catherine le vrai boss, pas toi. Ils vont prendre soin de nous autres, Éric ! Ils vont nous donner à manger. J'ai mangé du spaghetti pis du gâteau au chocolat !

ÉRIC
Ferme-la !

IRÈNE
Ils m'ont donné du linge aussi, ils vont nous aider ! Dave a juré qu'on resterait ensemble.

ÉRIC
Ta gueule ! Tu m'entreras pas dans la tête, Irène Dingwell !

IRÈNE
T'es rendu aussi fou que Catherine ! Elle t'a mauditement bien dressé !

Éric

(Agrippant Irène.) Je fais ce que je veux, OK? Ce que je veux… (*Il la relâche.*) Va pisser!

Temps.

Irène

Ça a pas toujours été comme ça, Éric. Rappelle-toi comment on vivait avant, on était bien… Te souviens-tu de la vraie bouffe, trois fois par jour? Te souviens-tu comment on se sent, quand on se couche dans un vrai lit? T'aurais pas envie de retourner à la maison? D'aller à l'école, d'avoir des amis? T'aimerais pas ça écouter de la musique avec ta blonde?

Éric

C'était pas ma blonde!

Irène

Si on veut vraiment voir le Grand Nord un jour, va falloir qu'on sorte d'ici.

Éric

Essaye pas de te sauver, je surveille la barrière avec mon fusil.

Irène sort et le laisse seul. Éric se remet à éplucher le bout de bois avec son canif.

C'était pas ma blonde…

Acte 3, Scène 3

Dans la cour, Irène fait mine d'aller aux toilettes, mais s'éloigne le plus possible du chalet et sort un téléphone cellulaire de sa chaussette.

Irène

Oui! Oui! Allô?... Allô?... Maudite patente à gosses!...

Elle trouve la bonne touche et se met à l'écoute.

Allô?...Oui, on est corrects... Il a tiré parce que vous avez tué Satan! J'aurais jamais dû vous amener ici... Je l'ai senti vibrer mais je pouvais pas répondre, ils m'ont attachée... Là? Je suis dans la cour. Toutoune est malade, je sais pas quoi faire, Dave, j'ai peur... Je peux pas la faire sortir; ils me surveillent pis il y a les chiens! Si vous essayez de rentrer, il va encore vous tirer dessus!

Catherine

(Hors champ.) Je t'avais dit de pas la laisser sortir!

Irène

Qu'est-ce qu'il faut faire, aide-moi...

Catherine surgit dans la cour, suivie d'Éric armé de son fusil, et des jumeaux.

CATHERINE
Elle est après leur parler!

IRÈNE
(Au téléphone.) Toutoune a besoin de lait, envoyez-moi du lait!

ÉRIC
(Mettant Irène en joue.) Lâche ça!

Irène laisse tomber l'appareil par terre, les autres ont un mouvement de recul.

CATHERINE
Pourquoi tu l'as détachée, épais?

ÉRIC
Pis toi, pourquoi tu l'as pas fouillée?

PAUL
Chut! Écoutez!

On entend le bourdonnement d'une voix provenant du téléphone.

Ils sont là!

PAULINE
Ils nous entendent!

IRÈNE
Faites juste lui parler! (*Criant au téléphone.*) Dis-leur qu'on sera pas séparés, Dave, dis-leur qu'on va rester ensemble!

Éric s'empare du téléphone.

CATHERINE
Casse-le !

IRÈNE
Parle-lui, Éric. Il s'appelle Dave.

PAULINE
Non ! Brise-le !

ÉRIC
(À Irène.) Comment ça s'éteint ?

IRÈNE
Fais juste l'écouter, d'abord !

Éric fait mine de fracasser le téléphone sur le sol.

OK, le bouton du milieu !

Éric éteint l'appareil.

PAUL
Pourquoi tu le brises pas ?

IRÈNE
Il est fermé, ils peuvent plus rien entendre !

CATHERINE
Donne-moi ça, Éric Dingwell.

ÉRIC
Non.

Éric met le téléphone dans sa poche. Le projecteur se rallume.

(Criant.) Tout le monde en dedans !

Ils entrent. Toutoune recommence à pleurer.

Acte 3, Scène 4

Nuit. Dans le chalet, Toutoune pleure. Irène est attachée, en t-shirt et petites culottes. Pauline palpe les nouveaux vêtements d'Irène, qui ont été mis en pièces. Catherine surveille l'extérieur par la fenêtre.

PAULINE

Je trouve rien.

CATHERINE

Cherche encore!

PAULINE

J'ai soif.

CATHERINE

Tu boiras plus tard, il faut ménager l'eau. Cherche!

IRÈNE

Il y a rien, Catherine.

PAULINE

J'ai même ouvert ses semelles de soulier, il y a rien!

Catherine quitte son poste et s'empare d'un morceau de vêtement.

CATHERINE
Regarde comme il faut, ils ont des micros aussi petits qu'une crotte de souris.

Éric et Paul arrivent d'une chambre avec des couvertures.

ÉRIC
Je t'ai dit de surveiller dehors, retourne à ta place, Catherine Dingwell. C'est plus le temps de la fouiller, il fallait le faire quand je te l'ai demandé.

Catherine obéit et retourne faire le guet tandis qu'Éric s'installe un lit de fortune.

PAUL
Pis là, qu'est-ce qu'on fait, Éric?

ÉRIC
Vous deux, arrangez-vous pour que Toutoune arrête de pleurer. Faut que je dorme.

Les jumeaux rassemblent les choses du bébé.

CATHERINE
Tu peux pas dormir, faut que tu guettes avec le fusil.

ÉRIC
C'est moi qui commande! Tu vas surveiller pendant que je dors. S'il se passe quelque chose, tu me réveilleras.

IRÈNE
Vous savez pas comment soigner un bébé.

PAULINE
Tais-toi! Tout ça, c'est de ta faute!

Pauline va s'occuper du bébé tandis que Paul s'apprête à remplir un biberon à même le seau d'eau.

IRÈNE
Pas cette eau-là, celle dans bouilloire!

CATHERINE
Ferme-la!

ÉRIC
Paul! Pas cette eau-là!

PAUL
Pourquoi?

ÉRIC
Parce que je te le dis!

Paul obtempère et rejoint sa jumelle. Couché par terre, Éric examine le téléphone.

CATHERINE
(À Éric.) Ils vont t'entrer dans tête avec ça.

ÉRIC
Il est fermé.

IRÈNE
J'ai froid.

CATHERINE
(À Éric, ignorant Irène.) Les ondes passent pareil! Ils vont prendre le contrôle de ton esprit.

ÉRIC
Tu connais rien là-dedans, tais-toi donc.

CATHERINE
C'est toi qui connais rien. Ils nous envoient des fluides, je les sens. Débarrasse-nous de ça!

ÉRIC
Ils peuvent rien faire tant qu'il reste fermé.

IRÈNE
J'ai froid, détachez-moi.

Éric enlève une des couvertures de son lit et la tend à Catherine.

ÉRIC
Donne-lui ça.

CATHERINE
Qu'elle crève.

Il lance la couverture à Catherine.

ÉRIC
Donne-lui ça, j'ai dit.

Catherine s'exécute de mauvaise grâce. Éric retourne à l'examen du téléphone.

CATHERINE
Quand maman va revenir, elle va vous châtier. Vous aurez beau crier, vous excuser, demander pardon, elle vous écoutera pas. C'est moi qu'elle va écouter. Moi.

IRÈNE
Elle reviendra pas, elle est enfermée.

CATHERINE
Elle va s'échapper.

ÉRIC
Elle peut pas s'échapper, ils la surveillent. Va falloir se défendre tout seuls, maintenant.

IRÈNE
Se défendre contre qui, contre ceux qui ont volé le canif, Éric ?

CATHERINE
Contre ceux qui ont tué notre père pis enfermé notre mère.

PAUL
Les Ombres nous auront pas ! On va se battre, hein Éric ?

IRÈNE
Les Ombres existent seulement dans vos têtes pis dans celle de maman.

CATHERINE
Ferme ta gueule pourrie.

IRÈNE
Vous autres, c'est votre cerveau qui est pourri. Maman vous a empoisonné l'esprit.

PAULINE
Parle pas contre elle !

IRÈNE
Vous vivez dans son cauchemar, réveillez-vous !

CATHERINE
Tu sens la mort, t'es déjà une Ombre, Irène.

IRÈNE
Si Toutoune meurt, ce sera de votre faute!

ÉRIC
On t'a dit de fermer ta gueule!

IRÈNE
Quand maman sera guérie, vous lui raconterez comment son bébé est mort avant même d'avoir un nom!

Éric bâillonne Irène avec du ruban adhésif. Temps.

CATHERINE
Maman a raison. Le plus dangereux avec les Ombres, c'est leurs paroles. Allez vous coucher, je vais surveiller.

Les jumeaux retournent auprès du bébé, Éric se recouche et Toutoune finit par arrêter de pleurer. Le silence tombe et tous, y compris Catherine, finissent par s'endormir. Le soleil se lève. Paul se réveille, regarde dehors et sursaute.

PAUL
Les chiens! Éric, réveille-toi, ils ont tué les chiens! Ils ont tué tous les chiens!

Tous se réveillent. Toutoune recommence à pleurer.

Acte 3, Scène 5

Matin (jour 4, jeudi). Toutoune pleure et ce, pendant toute la scène. Irène est attachée et bâillonnée, les autres sont à la fenêtre, sauf Paul. Éric est armé et prêt à tirer.

Pauline
C'est trop dangereux! Dis-lui de revenir, Éric.

Éric
Aie pas peur, je le surveille, ton jumeau.

Catherine
Ouain, calme-toi donc.

Pauline
Écrase, Catherine Dingwell. C'est toi qui devrais être dehors.

Catherine
C'est pas de ma faute, il faisait noir, je pouvais rien voir!

Éric
Tu pouvais rien voir parce que tu dormais!

PAULINE
Il revient! Il a quelque chose dans les mains.

Paul entre avec une boîte de carton. Pauline se colle à lui.

T'es-tu correct?

PAUL
Oui. Les chiens sont pas morts, sont juste endormis.

ÉRIC
Toute la gang?

PAUL
Non, j'ai vu Sauvage pis les chiots dans le sentier du ruisseau mais les autres sont dopés bien dur, ils bougent pas d'un poil.

CATHERINE
Ça veut dire que les Ombres sont sur le terrain.

PAUL
Non, la barrière est encore fermée. Ils leur ont lancé des boulettes de viande droguées par-dessus la clôture, j'ai vu les restes.

PAULINE
(Montrant le carton.) Pis ça, c'est quoi?

PAUL
Je l'ai trouvé à côté de Tempête.

Éric pose le carton sur la table et sort son canif.

CATHERINE
Qu'est-ce que tu fais? Ouvre pas ça!

PAUL
Pourquoi ?

CATHERINE
C'est une bombe !

Ils ont un mouvement de recul. Irène crie à travers son bâillon.

ÉRIC
(À Paul.) Va voir ce qu'elle veut.

Paul va enlever le bâillon d'Irène.

IRÈNE
C'est pas une bombe, c'est du lait. Du lait pour Toutoune !

PAUL
Comment tu le sais ?

IRÈNE
Je leur en ai demandé au téléphone.

CATHERINE
Menteuse ! (*À Éric.*) Si tu l'ouvres, ça va nous sauter dans la face.

IRÈNE
S'ils avaient voulu vous faire sauter, ils l'auraient fait quand vous leur avez tiré dessus.

Éric ouvre le paquet et sort une boîte de lait en conserve.

CATHERINE
Ils ont essayé de nous paralyser, ils ont drogué nos chiens! Penses-tu vraiment qu'ils envoient du lait pour Toutoune?

PAULINE
Ça vient des Ombres…

PAUL
Tout d'un coup que c'est poison…

Éric perce un trou dans la boîte, renifle et grimace.

CATHERINE
Ça pue l'infection jusqu'ici! Jette-le!

IRÈNE
C'est du lait pour bébé, c'est pour ça que ça sent drôle…

Soudain, Éric embrasse son fétiche et avale plusieurs gorgées de lait à la stupéfaction des autres. Silence.

CATHERINE
(Brisant le silence.) T'es fou… Pourquoi t'as fait ça?

PAUL
Éric… Es-tu correct?

PAULINE
Qu'est-ce qu'on fait s'il meurt? On sait pas tirer…

IRÈNE
C'est du lait! Dis-leur que t'es correct, pis que t'es pas après mourir, Éric!

Éric
Ferme-la ! (*Tendant la boîte aux jumeaux.*) Ça va. Vous pouvez y donner.

Catherine
Non ! Vous allez l'empoisonner !

Pauline
Éric en a bu pis il est pas malade.

Paul
Il faut y donner quelque chose, écoute-la !

Catherine
Vous allez la tuer !

Irène
Donnez-lui à boire !

Catherine
Non !

Éric
Assez ! C'est moi qui commande. Dépêchez-vous, les jumeaux !

Les jumeaux s'exécutent et donnent à boire au bébé qui se tait.

Acte 3, Scène 6

Soir (jour 5, deux jours plus tard, samedi). Éric, Catherine et les jumeaux mangent des croquettes pour chien. Irène est attachée.

Irène

Arrêtez !

Pauline

On a faim !

Paul

On n'a rien mangé depuis deux jours !

Irène

C'est pour les chiens !

Paul

C'est de ta faute ! Laisse-nous tranquilles !

Irène

Regardez-vous ! Des animaux ! Vous m'écœurez !

Éric

Ta gueule !

Irène
Papa aurait honte de vous autres! Il voudrait plus jamais vous parler! Il vomirait en vous voyant! Il vomirait!

Ils la bâillonnent avec du ruban adhésif et retournent manger en silence. Pauline dévore ce qui est tombé par terre, s'arrête et fond soudainement en larmes. Tous s'arrêtent de manger sauf Catherine.

Catherine
Écoutez-la pas. Elle est rendue folle.

Acte 3, Scène 7

Matin (jour 6, dimanche). Tous dorment, sauf Paul qui fait le guet.

Paul

Réveille-toi, Bé, c'est à ton tour de surveiller. (*Pauline s'éveille.*) Ils bougent pas, ils font rien.

Pauline

Ils attendent juste qu'on crève.

Paul

Ben non, on est ensemble, ça va être correct.

Pauline

Ça fait trois jours qu'ils sont là; je suis plus capable d'avoir faim, d'avoir froid, d'avoir peur. Je suis plus capable, Paulo.

Paul

Tantôt, j'ai rêvé que Bibitte arrêtait pas de te lécher la face! Tu riais, tu…

PAULINE

Bibitte est mort, Paulo ! On verra jamais le Grand Nord, on va tous crever comme des rats pis Toutoune aura jamais eu de nom. Tes rêves, ils servent plus à rien. À rien… Laisse-moi tranquille.

Pauline se recouche. Toutoune commence à pleurer.

PAUL

Pauline… (*Pauline ne répond pas.*) Il faut que tu surveilles !… La petite pleure… Pauline !…

Comme Pauline ne bouge plus, Paul va cajoler le bébé et le berce un moment. Puis il le soulève doucement au bout de ses bras.

Florence. Maintenant, tu t'appelles Florence Dingwell.

Acte 3, Scène 8

Soir. Éric repousse Catherine, qui essaie de lui enlever le téléphone. Le bébé pleure faiblement.

CATHERINE

Ils vous manipulent!

ÉRIC

(À Irène.) Le numéro qui est écrit là?

IRÈNE

Oui.

Éric compose le numéro et approche l'appareil d'Irène qui est toujours attachée.

ÉRIC

Fais bien attention à ce que tu vas dire.

IRÈNE

Dave?... Dave, je peux pas te parler, écoute-moi. Ils veulent que vous leur envoyiez de l'eau pis de la bouffe par-dessus la clôture, comme pour le lait...

Irène écoute la réponse puis la transmet aux autres.

Il faut que vous laissiez partir la petite.

CATHERINE
On leur donnera jamais Toutoune, enlève-toi ça de la tête.

PAULINE
Elle reste ici, avec nous autres.

PAUL
On se séparera jamais.

IRÈNE
Ils vous donneront rien si vous la gardez ici.

ÉRIC
On veut du spaghetti, du gâteau pis de l'eau pis c'est tout. Dis-y!

IRÈNE
Dave? As-tu entendu?... Fais quelque chose, Toutoune est malade...

CATHERINE
Ils nous donneront rien... Raccroche.

IRÈNE
Non, attends!... C'est maman! C'est maman au téléphone! (*Silence.*) Elle dit de laisser partir Toutoune sinon...

Catherine s'empare vivement du téléphone.

CATHERINE
Maman, c'est Catherine, qu'est-ce qu'ils t'ont fait?... Maman?... (*Elle lâche le téléphone. Elle crie.*) C'est pas elle, raccroche!

ÉRIC
(Coupant la communication.) Maudite vache!

IRÈNE
Laissez partir Toutoune…

PAULINE
Non. Jamais.

IRÈNE
Ils vont vous attaquer, Dave me l'a dit.

PAUL
On va leur tirer dessus, à toute la gang!

IRÈNE
Ils vont vous paralyser avec leurs rayons!

PAULINE
On se cachera les yeux!

IRÈNE
Ils vont vous envoyer des fluides pendant que vous dormez. Vous pourrez plus fermer les yeux sans voir les Ombres vous dévorer le cerveau.

PAUL
Écoute-la pas, Bé.

IRÈNE
Ils vont souffler de l'air empoisonné pour vous étouffer.

CATHERINE
C'est toutes des menteries!

IRÈNE
Si c'est des menteries, de quoi vous avez peur d'abord? Papa est mort d'un cancer du cerveau! C'est Éric qui avait le couteau! Les Ombres existent pas!

On entend un chien aboyer, attaquer et des hommes crier.

PAUL
C'est Sauvage!

Dehors, un coup de feu retentit. Tous vont voir à la fenêtre.

ÉRIC
Ils l'ont ratée! Ils savent même pas tirer!

On entend un chiot gémir. Pauline sursaute.

PAULINE
Bibitte?

La lumière du projecteur traverse la pièce et tous se jettent par terre, sauf Pauline.

C'est Bibitte! *(Appelant.)* Bibitte! Bibitte!

ÉRIC
Sors pas, Pauline!

CATHERINE
Ils vont te paralyser!

PAUL
Baisse-toi.

Ils essaient de retenir Pauline, mais elle sort du chalet.

PAULINE

Bibitte!

PAUL

Pauline, non!

Paul s'élance derrière sa sœur. Éric prend son fusil.

Pauline! Attention, Sauvage!

IRÈNE

Détachez-moi!

On entend un chien attaquer et Pauline hurler de terreur. Éric sort à son tour et épaule son fusil.

CATHERINE

Éric, non!

Éric tire. Tous restent un moment pétrifiés.

PAUL

(Hurlant, hors champ.) Pauline! Pauline!

Éric laisse son fusil et court rejoindre les jumeaux.

IRÈNE

Détache-moi, Catherine!

CATHERINE

Il a tué Sauvage, le maudit fou!

Les garçons ramènent Pauline qui saigne abondamment et la couchent.

PAUL

C'est fini, elle te mordra plus jamais…

Irène
Arrêtez. Je vous en supplie, faut tout arrêter!

Catherine
Maman vous pardonnera jamais. Elle va vous châtier le reste de vos jours.

Irène
Sauvage a failli tuer ta sœur, Catherine!

Catherine
Tu pourras pas rester ici après ce que tu as fait, Éric.

Pauline
Bibitte…

Paul
Bouge pas, Bé. Je vais le retrouver ton Bibitte, je te le promets.

Catherine
(À Éric.) Maman va te chasser pis tu vas te retrouver tout seul avec les Ombres.

Paul
(À Catherine.) C'est toi qu'elle va chasser, maudite folle.

Irène
Il faut partir d'ici. Pauline perd tout son sang!

Catherine
(À Paul.) Elle me chassera pas, moi, j'obéis toujours.

PAUL
Menteuse! T'as volé Bibitte.

CATHERINE
Bibitte est à moi.

Paul saute à la gorge de Catherine en hurlant.

PAUL
Non, il est pas à toi. Maman l'a donné à Pauline. Bibitte, c'est le chien de Pauline.

IRÈNE
Arrête!

Paul lâche Catherine, épuisé.

PAUL
Le chien de Pauline, as-tu compris?

Le silence retombe.

IRÈNE
Toutoune!?... Éric! Toutoune pleure plus!

Éric se rue sur le lit du bébé.

ÉRIC
Elle est toute molle, elle bouge plus!

IRÈNE
Détachez-moi!

CATHERINE
Non, maman veut pas.

Éric prend son canif et détache Irène qui examine rapidement le bébé.

Maman voit tout ce qui se passe ici.

IRÈNE
Non!... Oh, non!...

CATHERINE
Elle dort, laisse-la tranquille!

IRÈNE
Elle dort pas, elle est après mourir!

Éric tend le téléphone à Irène.

ÉRIC
Appelle-les! Dis-leur de venir nous chercher.

Irène prend le téléphone.

IRÈNE
Enveloppez Pauline le mieux que vous pouvez.

PAULINE
Non! Je veux pas y aller, Paulo.

Paul emmitoufle Pauline. Catherine s'empare du fusil et les met en joue.

CATHERINE
Arrêtez ou je tire!

PAUL
Qu'est-ce que tu vas faire, tu vas nous tuer?

CATHERINE
Si on va avec les Ombres, maman voudra plus nous voir, elle va nous abandonner. On peut pas! On peut pas faire ça, il faut pas...

Irène
Occupe-toi d'elle, Éric.

Éric
Donne le fusil, Catherine.

Irène compose un numéro au téléphone.

Catherine
(À Irène.) Laisse le téléphone!

Éric
C'est fini.

Catherine
Vous êtes tous des lâches!

Éric
C'est fini, donne-moi le fusil. S'il te plaît, Catherine...

Éric s'approche et lui retire doucement le fusil.

Irène
(Au téléphone.) Venez nous chercher. Ils tireront plus, c'est fini.

Irène raccroche et s'occupe du bébé. Éric aide Catherine à mettre son manteau.

Catherine
Ils vont nous arracher notre esprit pour qu'on oublie. On se rappellera plus les uns des autres. On va se retrouver tout seuls, dans le vide de notre tête.

PAULINE

Je veux pas qu'ils nous séparent, Paulo.

Paul s'empare du ruban adhésif et lie son poignet à celui de Pauline.

PAUL

Ils pourront jamais nous séparer, Bé. Jamais! Je te le jure.

Éric s'empare à son tour du ruban adhésif et attache le poignet de Catherine à celui de Paul.

CATHERINE

J'ai toujours obéi à maman. Tu vas lui dire, hein?

ÉRIC

Oui.

Irène s'approche de ses frères et sœurs avec le bébé. Elle tend la main à Éric.

IRÈNE

Moi aussi.

Éric attache Irène à Catherine. Une forte lumière s'infiltre dans le chalet. Éric se lie à son tour à Irène.

PAULINE

J'ai peur.

PAUL

Prends ton petit chien pis serre-le fort.

CATHERINE

Elle voudra pas nous parler si notre tête est ouverte.

IRÈNE

Elle va vouloir, Catherine. On est ses enfants, elle nous aime.

Attachés les uns aux autres, ils se déplacent vers la sortie. Éric ouvre la porte et la lumière inonde la pièce.

PAUL

Il neige !

ÉRIC

Regarde, des gros flocons, Catherine.

Le bébé pleure faiblement.

IRÈNE

Venez, maman nous attend.

Ils sortent attachés les uns aux autres dans la lumière du projecteur.

FIN

Mise en contexte
(Histoire de la famille Dingwell)

La famille Dingwell mène une vie à peu près normale dans une petite ville de province de quelques milliers d'âmes, située loin des grands centres. Le père est un homme simple et bon qui fait honorablement vivre sa famille en travaillant à la scierie, tandis que la mère s'occupe de la maison et que ses cinq enfants fréquentent l'école. La famille n'est certes pas riche, mais vit dans un relatif confort matériel.

La vie sociale des Dingwell est pourtant restreinte : les rares étrangers qui se risquent à une visite n'ont pas envie de revenir, rebutés par la possessivité autoritaire et les comportements bizarres de la mère. D'ailleurs, toute la maisonnée est étrangement organisée : les portes sont équipées de multiples serrures, les fenêtres, d'épaisses tentures, il n'y a pas de télévision, pas d'affiches ou de tableaux sur les murs. Tout est disposé de manière à calmer le sentiment de persécution de la mère.

Malgré la personnalité troublée de sa femme, le père en est très amoureux; il l'entoure d'affection, lui achète des fleurs et lorsqu'il apprend qu'elle est enceinte, il lui offre un manteau de fourrure. Il fait tout pour apaiser ses angoisses afin que les enfants ne souffrent pas trop des obsessions maternelles. Il évite cependant de confronter son épouse à la réalité, préférant ignorer ses divagations pour sa tranquillité personnelle et celle de sa famille. Tout comme leur père, les enfants ont un réflexe de protection envers leur mère; les rares personnes qui s'approchent de la famille, démarcheurs, représentants ou colporteurs sont immédiatement éloignés pour éviter les questions et les commentaires embarrassants.

Afin de combler le vide créé autour du clan familial et de distraire les enfants, le père, passionné par les chiens, a commencé à en faire l'élevage pour se constituer un attelage, capable d'emmener sa femme et ses enfants en promenade au chalet. Il entretient le rêve fou de partir en expédition dans le Grand Nord avec toute sa famille.

Partageant leur temps entre l'école, la famille et les chiens, bénéficiant de la présence rassurante du père, les enfants Dingwell ne sont pas trop affectés par leur marginalité et fonctionnent à peu près normalement. Par un matin de mars, la mère accouche de son sixième enfant, une petite fille chétive à qui on oublie de donner un nom.

Quelques semaines après la naissance du bébé, le père entre à l'hôpital pour se faire enlever une tumeur cancéreuse au cerveau. L'opération le laisse pratiquement muet et il doit subir de durs traitements de chimiothérapie et de radiothérapie. Pendant les longues heures de solitude passées à l'hôpital, il sculpte, à l'aide d'un canif, de petites figurines de bois représentant des chiens, qu'il destine à ses enfants.

Privée de la présence apaisante de son mari, la mère est gagnée par l'anxiété et commence à voir des signes de machination partout. Si on vient relever le compteur électrique, elle est persuadée qu'on est venu installer des micros. Elle inspecte et renifle tous les aliments, qu'elle jette si elle les soupçonne d'être empoisonnés. Elle est convaincue qu'après s'être emparées de l'esprit de son mari, les *Ombres* — des créatures se nourrissant de l'esprit des humains — n'ont d'autre but que de leur faire subir le même sort. Hantée par des visions d'horreur, elle décide de protéger sa famille contre d'éventuelles attaques de ces monstres. Cette mission exigeant d'elle tout son temps et toute son attention, elle délaisse son bébé — que tout le monde appelle Toutoune, faute de nom — et se désintéresse de ses autres enfants qui plongent dans un profond désarroi, causé à la fois par la maladie de leur père et les agissements de leur mère.

Lorsque de nouveaux voisins emménagent, la méfiance de la mère prend des proportions inquiétantes : elle barricade les fenêtres et pose des serrures supplémentaires aux portes, convaincue que sous leur apparence normale, ces nouveaux voisins sont en fait des *Ombres*, qui n'attendent que l'occasion d'entrer chez eux pour leur enlever le cerveau, à elle et ses enfants.

Deux mois après être entré à l'hôpital, le père, sentant proche sa fin, convoque les siens un à un pour un ultime rendez-vous et remet à chacun son petit chien de bois en guise de souvenir et de talisman. À Éric, son fils aîné, il remet en outre le canif avec lequel il a sculpté les petits chiens. Infiniment peiné par la perte de son père, à qui il voue une admiration mêlée de mépris pour sa faiblesse de caractère, Éric se jure de le remplacer et de veiller sur la famille.

Le père meurt et les craintes de la mère se transforment en terreurs paranoïaques : tout devient une preuve du complot ourdi contre elle et sa famille. Lorsque l'hôpital lui remet les objets personnels et les vêtements de son mari, elle est décidée à tout brûler afin de détruire les mauvais fluides qui en émanent, mais le jour où elle met son projet à exécution, elle s'aperçoit que le canif a disparu ! Persuadée qu'on est entré chez elle malgré toutes les précautions qu'elle a prises, elle met ses enfants, ses chiens et quelques provisions dans le camion du père, vide son compte en banque et emmène tout le monde au camp de chasse familial, un chalet rudimentaire situé en pleine forêt, dépourvu d'eau courante, de toilettes et d'électricité.

Elle entreprend alors de se prémunir contre leurs ennemis. Mettant les enfants au travail, elle entoure le terrain de barbelés, installe une barrière munie d'un cadenas inviolable, érige une haute palissade de bois autour de la cour et équipe le chalet d'un tas de serrures, verrous et loquets à toutes épreuves. Avec les chiens et les nombreux fusils de chasse en leur possession, ils occupent une véritable forteresse, mais ces protections extérieures ne suffisent pas à apaiser les terreurs de la mère, qui s'enfonce de jour en jour plus profondément dans la maladie.

Elle interdit à ses enfants de sortir du terrain, de parler à quiconque d'étranger à la famille, de manger quoi que ce soit qu'elle n'ait pas senti et purifié. Elle s'érige en maître absolu de son royaume et tyrannise aussi bien ses enfants que la meute de vingt-cinq chiens. Elle se contraint à vivre dans l'enclos avec les bêtes, à y manger et à y dormir afin de les dresser contre les *Ombres.* Elle impose une discipline spartiate à ses enfants ainsi qu'à elle-même, chacun devant s'acquitter des tâches qu'elle a arbitrairement distribuées, sous peine de châtiment.

Malgré de courageuses protestations, Irène se voit confier le bébé et la responsabilité de la famille contre son gré. Catherine — rejetée par sa mère qui méprise sa flagornerie et déteste sa tendance à «rapporter» — a l'humiliante mission de débarrasser l'enclos des excréments de chiens. Éric est chargé de réparer ce qui se brise et de l'entretien du camion. Paul et Pauline pourvoient la famille et la meute en eau, au grand désespoir de Pauline qui a une peur bleue des chiens, qui lui font la vie dure. De son côté, la mère approvisionne plus ou moins régulièrement la maisonnée en nourriture lorsqu'elle va en ville pour se recueillir sur la tombe de son mari.

La maladie de leur père, son opération, sa déchéance et sa mort ont causé une peine immense et un choc terrible aux enfants qui, en plus de vivre leur deuil, doivent désormais s'arranger tout seuls puisque leur mère ne s'occupe pratiquement plus d'eux. Privés de l'autorité bienveillante du père, ils subissent désormais l'unique influence de leur mère, qui par son charisme, ses châtiments et de régulières privations de nourriture, finit par les entraîner dans ses divagations.

Cette situation difficile, qui ne devait durer que le temps pour les *Ombres* de les oublier, s'étire et devient insupportable : l'été est fini et le chalet n'a pas de système de chauffage, leur mère, qui ne leur parle presque plus, leur impose des jeûnes de plus en plus fréquents et, malgré tous les efforts d'Irène pour maintenir sa famille en bon état, les enfants retournent peu à peu à l'état sauvage et à des relations primitives. La mère va de plus en plus rarement en ville. Les enfants, qui ont constamment faim, se débrouillent tant bien que mal pour trouver de la nourriture : ils vont à la pêche et cueillent des petits fruits, mais la chasse leur est interdite; seule la mère est autorisée à se servir des fusils de chasse, qui sont exclusivement réservés à se défendre contre les *Ombres.*

Un jour, après que la mère ait donné jusqu'aux dernières gouttes de lait destiné au bébé à une portée de chiots assoiffés, Irène brise l'interdit maternel.

Elle vole de l'argent et s'enfuit en vélo pour aller en ville acheter du lait au bébé. Alertée par Catherine, la mère veut se lancer immédiatement à la poursuite de la fuyarde, mais doit attendre qu'Éric réussisse à faire démarrer le camion. Le chalet étant situé à une trentaine de kilomètres de la ville, Irène doit pédaler quelques heures pour se rendre à l'épicerie. Lorsque sa mère finit par la retrouver, elle lui saute dessus, lui arrache le lait qu'elle vient d'acheter et lance des imprécations à sa fille et aux badauds alertés par ses cris. La police intervient, constate que la mère et la fille sont en détresse et les emmène toutes les deux au poste. Après un bref interrogatoire de l'une et de l'autre, la mère est confiée aux psychiatres et Irène, aux services sociaux.

Irène fait alors la connaissance de Dave, un travailleur social. Ce dernier constate rapidement qu'Irène est terrorisée et entreprend de gagner sa confiance afin qu'elle lui révèle son histoire. Il lui donne à manger, lui parle doucement, lui procure d'autres vêtements. Irène craque au bout d'un moment et raconte tant bien que mal la situation misérable de sa famille.

La gravité de la situation pousse Dave à intervenir immédiatement. Ignorant que les enfants sont armés et qu'ils savent tirer, il se rend au chalet sur les indications d'Irène — qui les lui a fournies sans savoir ce qu'il avait l'intention de faire — afin de ramener les autres. Dave trouve l'endroit, mais la cabane semble vide. Il s'apprête à rebrousser chemin lorsqu'il entend les pleurs d'un bébé. Comme il tente d'arracher le cadenas défendant l'accès de la propriété, on lui tire dessus. Ne demandant pas son reste, le travailleur social décampe avec l'intention de revenir avec la police, la présence d'armes à feu et des jeunes forcenés demandant des renforts.

Apprenant ce qui s'est passé, Irène surmonte sa honte et sa culpabilité et convainc Dave et la police de la laisser les accompagner pour jouer les intermédiaires car elle devine l'état de panique de ses frères et sœurs. Les autorités acceptent et ensemble, ils conviennent de laisser Irène parler aux jeunes à la condition que celle-ci se munisse d'un téléphone cellulaire pour communiquer avec eux au besoin. De leur côté, ils promettent de ne pas intervenir avant son signal et de ne pas pénétrer sur le terrain afin d'éviter la panique.

L'histoire de la pièce se déroule sur huit jours.

Table des matières

www.ingramcontent.com/pod-product-compliance
Ingram Content Group UK Ltd.
Pitfield, Milton Keynes, MK11 3LW, UK
UKHW022012260726
13994UKWH00006B/2428